JAZB

جذب

Urdu Poetry with English Translation

Ali Ashraf

علی اشرف

به نام خدا

In the name of God

میرے دِل کے بہت قریب میاں آصف
سہروردی کے نام

Dedicated to my spiritual guide Mian Asuf
Suhrawardi, who is very close to my heart.

Introduction

Translating one's own work is a difficult take especially when the languages are worlds apart. It is like homeschooling your child where you fight between your parental instincts and your teaching instincts. Urdu and English have almost nothing in common. These two languages belong to two different worlds, they have different sentence structures, and literary contexts and literary devices are very different. So, while facing this problem, I took a rather liberal approach of translating the sense rather than doing the literal translation. So my words don't get lost in translation, literally and metaphorically speaking. But I also tried to stay as literal as I could.

I have made the text direction from left to right even though it should've been from right to left because the main work is in Urdu but the limitations of self-publishing platforms that, unfortunately, do not support Urdu as a language were the hurdle in this case.

Most poems are love poems. Some are sad but most have a sort of Sufi touch with the undertones of mystic madness that is prevalent in Urdu poetry. Translating such poems was the biggest challenge and I hope succeeded in conveying that mystic maddening feeling prevalent in Urdu poetry to the translation.

I have not translated the title JAZB and I translated the poem that corresponds to the title as 'Dissolve' even though the word 'Dissolve' doesn't convey what JAZB means in totality. JAZB has many meanings. It does mean to dissolve, yes, but it also means being consumed in a fiery sense, and it is the word used to define the state of becoming one with the divine in Persian Sufi texts. It is also the root word for 'JAZBIYAT' which means attraction to the level of consumption.

JAZB is my only Urdu poetry title yet and it is very close to my heart, I hope that the poems do justice to the title and the translations do justice to the poems.

-   Ali Ashraf (Suhrawardi)

فہرست Content

عشقِ زلیخا
(Zuleika's Love)

تیری زبان ہو جیسے

حرفِ قرآن ہو جیسے

نالۂ نیم شب میں

بلالی آزان ہو جیسے

عشق ہمارا یوں ہو

عشقِ زلیخا ہو جیسے

میں تیرا جسم ہوں جیسے

تو میری جان ہو جیسے

Your words are like
words of the Quran
like amidst midnight
a prayer call so divine
may our love be intense
like in Zuleika's lore
I become your body
you become my soul

عشق

(Untold Love)

میں وہ زخم ہوں کہ جو

بہار دیتی ہے

میں وہ کانٹا ہوں کہ جس پہ

پھول اگتے ہیں

میں عشق بے مثال ہوں

میں مسکراہٹ پر ملال ہوں

I am that wound
that is the gift of spring
I am that thorn
from which flowers are born
I am love, I can't be told
I am a smile that pain holds

انتظار

(Longing)

نیند خوابوں سے گئ

خواب نیندوں سے گئے

جاگتا ہوں ساری رات

ان کے انتظار میں

کسی حال دِل نہیں لگتا

کسی جگہ دِل نہیں لگتا

نا شہر میں ، نا گاؤں میں

نا خزاں میں نا بہار میں

Sleep bereft of dreams
dreams without sleep
I am awake all night
lost in the longing
My heart finds peace in no state
My heart finds rest in no place
Neither in the city nor country fields
Neither in fall nor blooming spring

قصہ مختصر
(Long Story Short)

قصہ مختصر یوں ہوا

کہ ہم خود کو کھو بیٹھے

تیری یاد میں یوں ڈوبے

خود سے ہاتھ دھو بیٹھے

Long story short
I lost my soul
drowned in your memory
I exist no more

روبرو

(Face to Face)

کبھی فرصت میں یوں روبرو ہو

جسم میرا ہو اور تیری روح ہو

میں تیری خواہش ، تو میری آرزو ہو

میری سانس میں ہر دم تیری خوشبو ہو

Be face to face sometime in time spare
so my body and your soul could be here
I become your want, you be my desire
my each breath mixed with your fragrant fire

نہیں معلوم
(Don't Know)

نہیں معلوم خوشی ہے کہ غم ہے

جب سے تجھے دیکھا ہے آنکھ نم ہے

سانس رکی سی ہے ، ہوش برہم ہے

مجھ میں تو زیادہ اور اپنا آپ کم ہے

I don't know if it is the mirth or sorrow
but since I saw you my eyes have a tearful glow
my breath is short, my temper all disturbed
I feel you in myself more than my own self

یاد

(Memory)

آج بھی تجھ سے پہلے تیری یاد آئی

آج بھی تجھ سے تیری یاد خوبصورت ہے

آج بھی میں ہوں اور ہے گوشئہ تَنْہائی

آج بھی مجھے تیری ضرورت ہے

Today again, your memory came but you did not
Today again, your memory is more beautiful than you are
Today again, I am alone here in a secluded corner
Today again, I need you more than anyone

بہار

(Spring)

زندگی نے تیرے سوا

کوئی بہار نہیں دیکھی

غم تو یہ ہے کہ

وہ بھی بار بار نہیں دیکھی

Without you, my life
has seen no spring
Alas, that too
was just for once

زندگی
(Life)

جو تو مل گیا تو ہزاروں بہار

جو تو نہ ملا تو بھی کیا ہی غم؟

زندگی بھی تو ہے یہی

کبھی ہونٹ تر، کبھی آنکھ نم

If you become mine then luck is by my side
If you don't even then there is no regret
because these are all phases of life
sometimes lips wet, sometimes eyes wet

جلال

(Might)

میری رحمتوں پر کر گزر

میرے جلال پر نہ کر نظر

جو میرا مزاج بگڑ گیا

تو دو جہاں بھی بھسم ہوئے

on my mercy do reflect
do not think much of my wrath
if I'll reveal to you my might
I'll turn the universe into ash

شور

(Noise)

دل کی بستی ویران ہے لیکن

ویرانی میں یادوں کا شور ہے

اب بھی دِل تیرے حق میں ہے گواہ

میرا دِل مجھ سے منہ زور ہے

The city of the heart is all vacated
but in this emptiness your memories make noise
still, my heart takes your side
still, I lose to my heart every night

محبت

(Love)

محبت میرا عروج ہے، محبت میرا زوال ہے

محبت میرا جواب تھا، محبت میرا سوال ہے

محبت میرا رنگ و بو، محبت میری جستجو

محبت میرا کمال تھا، محبت میرا ملال ہے

Love is my height, love is my downfall
Love was my answer to love's call
Love is my taste and touch, Love is my struggles all
Love is my biggest achievement, Love is my regretful fall

یہ کہنا

(Say this)

مجھے بھولنے والے سے یہ کہنا

میں بھی خود کو بھُلا بیٹھا ہوں

تیری یاد کے تپتے آنسوؤں سے

اپنی ہستی جلا بیٹھا ہوں

Say this to the one who forgot me
I too have forgotten myself
with the fiery tears of your memories
I have burnt my all existence

آج رات
(Tonight)

آج آگ لگی ہے سینے میں

آج یاد تری اُجاگر ہے

آج اشک بھی کِھل کے جھوم اٹھے

آج رات بڑی ہی پاگل ہے

My heart is on fire tonight
from every corner your memory is dawning
My tears are dancing in ecstasy
Tonight madness is prevailing

رو بیٹھے
(Started Crying)

مرے آنسوؤں پہ ہنسنے والے

میری ہنسی پہ رو بیٹھے

تھے کل جو حاکمِ تخت و تاج

آج بے بسی پہ رو بیٹھے

Those who laughed at my tears
when saw me laughing, started crying
Those who were rulers filled with pride
today became helpless and started crying

پری چہرہ
(Angelic Face)

چاند نہائے جسکی پلکوں پہ

وہ پری چہرہ مرے دل میں ہے

جسکی سانس میری سانسوں میں ہے

جو حاصِل لا حاصِل میں ہے

Moon bathes in whose eyelashes
that angelic face resides in my heart
whose breath lives in my breath
who is at once close and far

خیر و شر
(Good and Evil)

قصہ خیر و شر یہی ہے بس

کبھی تجھ پہ، کبھی خود پہ مرا ہوں میں

کبھی خود میں ڈوبا ، کبھی تُجھ میں ڈوبا

کبھی خود سے تُجھ تک گیا ہوں میں

The reality of good and evil is nothing but this
sometimes I loved you and sometimes myself
sometimes I got lost in me, sometimes in you
sometimes I journeyed from myself to you

خزاں

(Autumn)

خزاں ہے حقیقت پسند

جو رُت بَدل دیتی ہے

خزاں پہ کوئی ہرج نہیں

بہار زَخْم دیتی ہے

Autumn is the reality of the world
for it shows how the world can change
Spring gives the illusion of colors
Autumn is not to blame

کوئی امید یہاں نہیں ملتی
(There is no hope here)

جو سزا تونے مجھے دی ہے

قاتل کو بھی وہ سزا نہیں ملتی

ڈھونڈنے سے خدا تو مل جاتا ہے

مگر زمانے میں وفا نہیں ملتی

ہائے! وہ ادا جس پہ سب کچھ لٹا دیا

کیوں کر اب وہ ادا نہیں ملتی

میں اک اشارے پہ سب چھوڑ آتا لیکن

کیا کروں مجھے تیری رضا نہیں ملتی

اے دنیا تجھے بھی چھوڑ چلا ہوں میں

جینے کی امید کوئی یہاں نہیں ملتی

The verdict you have given to me
is not even given to the murderers

They say God can be found with intentions
but where can I find people loyal?

Alas! that beauty which took everything from me
where can I find that beauty again?

I would've left everything on your one command
But you were never with me content

O world! look here for I am leaving you
There is no hope left for me to continue

روز کہتا ہوں
(Every day, I say)

روز کہتا ہوں بھول جاؤں گا

روز تیری یاد آجاتی ہے

روز نئی امید بنتی ہے

روز ٹوٹ جاتی ہے

روز سورج اٹھتا ہے

روز روشنی آجاتی ہے

تیری تصویر پر چھا جاتی ہے

روز رلا جاتی ہے

روز رات ہوتی ہے

چاندنی جگمگاتی ہے

تو دبے پاؤں آتی ہے

دِل کی سیج سجاتی ہے

روز رلا جاتی ہے

every day, I say I'll forget you
every day, I end up remembering you
every day, a new hope is born
every day, it dies when you don't come

the sun rises every day
the light shines every day
on your picture, it reflects
makes me cry, every day

every day, night comes
and moonlight twinkles
your memory comes secretly
and on my heart's bed mingles
makes me cry, every day

لکیریں
(Lines of Fate)

تو ایسے بنا آرزو میری

کہ اب کوئی آرزو ہی نہیں

زندگی سے ہار بیٹھے ہیں

اب کیوں جستجو ہی نہیں

واللہ تُجھ کو بھلانا چاہتے ہیں

مگر خود پر قابو ہی نہیں

کیا فائدہ اِن ہاتھوں کا

جن کی لکیروں میں تو ہی نہیں

You became my ultimate desire
and consumed all my desires

I have lost all hope in life
I have now no excitement

By God, I want to forget you
but have no control over myself

What good are these lines of fate
in which you have no place?

آج آنکھ پر نم ہے میری

(Today my eyes are misty)

وہ چاند ہے جس کو تکتے ہیں

یا پِھر تیرا چہرہ ہے ؟

کبھی تو دِل کی رونق تھا

آج تجھ سے دِل میں اندھیرا ہے

یہ رات کب ڈھلنی ہے ؟

کب آنا اب سویرا ہے ؟

دِل کی بستی اجڑی ہے

اب غموں کا بسیرا ہے

جی اٹھوں گا پِھر سے میں

مقصود دیدار تیرا ہے

آج تیری بہت یاد آئی

آج وحشتوں کا گھیرا ہے

آج آنکھ پر نم ہے میری

آج چیختا دِل میرا ہے

Is that the moon that I see
or did I mistake it for your face?

once you were the light of my life
now you trigger a darker phase

when will this night be over?
when will the sun shine again?

*my heart's city has become a ghost town
a town where only sorrow stays*

*I will become alive once again
all I need is to see your face*

*today I am missing you a lot
today this madness I embrace*

*today my eyes are misty and wet
today my heart screams in waste*

تیری گلی میں اب نہیں آئینگے
(We won't pass your street anymore)

ہم ان گلی کوچوں میں

خاک اڑاتے پھرتے ہیں

وَقت بتاتے پھرتے ہیں

زندہ وہ ہیں جو جیتے ہیں

ہم سانس چلاتے پھرتے ہیں

تجھ کو بھلاتے پھرتے ہیں

پِھر بھی تیری یاد ہے کہ آجاتی ہے

سنبھلتے ہیں پِھر گرتے ہیں

مارے مارے پھرتے ہیں

ہم تو اک نظر سے مر جاتے ہیں

لوگ تلوار چلاتے پھرتے ہیں

خون بہاتے پھرتے ہیں

تیری گلی میں اب نہیں آئینگے

اب وہاں غیر آتے پھرتے ہیں

ہمیں جلاتے پھرتے ہیں

We in your street's corners
walk and spread dust
to kill our time most

Alive are those who live
we just pass our breath
and hope to forget

but your memory finds a way
and we recovering, again fall
become helpless in your thrall

your one gaze is enough to kill
fools use weapons and swords
try to create a blood bath

but we won't pass your street anymore
now strangers there crawl
with jealousy burns our soul

جان کب لینگے؟

(When will you kill?)

ہائے! میرے نالے

جو کبھی فلک تک پہنچے

تو فرشتے بھی سن کر

نیر بہا دینگے

یہ رسمِ وفا ہے صدیوں پرانی

وہی قیس و لیلیٰ کی سی کہانی

پتنگے کو شمع میں ہے جاں جلانی

جہاں وفا نا ہو ہم وہیں دِل دینگے

یہ سب تو مزاح تھا جس میں دِل جل گیا

میرا جہانِ نازک پگھل گیا

تڑپتا کبھی اُدھر گیا ، کبھی ادھر گیا

ابھی بھی جان ہے باقی ، جان کب لینگے ؟

Alas! if my mourning
is ever heard by the heavens
then angels at listening
would burst into tears

This type of loyalty is centuries old
like the Majnun and Leyla's lore
the fly will always burn itself in fire
where there is no hope, there will be desire

In playful games, my heart got burned
melted to core my fragile world
restless I wandered here and there
still, some life left in me, throw your snare
when will you kill?
I am here

عشق فقط سفر ہے
(Love is an eternal journey)

جس کے سینے میں دِل نہیں

وہ عشق کے قابل نہیں

حاصل کے لیے گر کیا عشق

تو کیا کچھ حاصل نہیں

جہاں کیا کشتی کا رُخ

وہاں رہا ساحل نہیں

عشق فقط سفر ہے علی

کوئی راہ نہیں ، منزل نہیں

whoever doesn't have a heart in his chest
does not deserve to know love at all

if you have loved to gain something
you lose everything once and for all

wherever you'll turn your ship
you won't find any shore

love is an eternal journey
there's no path, no end at all

اب جان نکلی تو کیا نکلی

(if now death comes)

تِیر کھا کر سینے پہ

میرے دِل سے صدا نکلی

جب بلایا تب نہیں آئی

موت بھی بے وفا نکلی

مر تو گیا میں ، مدت ہوئی

اب جان نکلی تو کیا نکلی

رُوح جسم سے چھوٹ کر

تیری گلی میں جا نکلی

خوشی مناؤں دوستوں کہ آج

بارات آنسوئوں کی یہاں نکلی

Arrow of love in chest
I screamed to my best

When I called, death didn't come
even death left me abandoned

I've been dead for a long time now
what's the use if now death comes?

My soul released from my body's cage
showed up at your street's gate

Rejoice O world! for today
tears dance at my life's fate

فی الحال گزرتے رہتے ہیں
(Passersby)

ہم چاند کو تکتے رہتے ہیں

یوں رات گزرتی رہتی ہے

ہم خود کو مصروف رکھتے ہیں

یوں دن گزرتے رہتے ہیں

نا جیتے ہیں نا مرتے ہیں

یوں سال گزرتے رہتے ہیں

بے حال گزرتے رہتے ہیں

نا سنتے ہیں نا کہتے ہیں

بس یوں ہی گزرتے رہتے ہیں

بیزار گزرتے رہتے ہیں

ہر بار گزرتے رہتے ہیں

اک دن گزر جائینگے جہاں سے

تیری گلی سے گزرتے رہتے ہیں

فی الحال گزرتے رہتے ہیں

we keep on looking at the moon
that is how we pass our nights
we try to keep ourselves busy
that is how we pass our days
neither dead nor alive
that is how years go by
no excitement and no cry
we don't hear, we don't tell
just pass our time as tolls bell
annoyed with every passerby
annoyed we just pass our time
one day we'll pass this world's stage
as we pass your street at a pace
now we just pass by

یہاں تیرا کیا کام ؟
(Why you dwell in this place?)

ہائے شاعر بدنام

اِس شہر میں تیرا کیا کام؟

اِس پارساوں کی بستی میں

دِل جلانا نہیں عام

یہاں تیرا کیا کام ؟

تو بار بار لیتا ہے

جس بے وفا کا نام

اُس ظالم کو نیک سمجھتی ہے

یہاں کی عوام

یہاں تیرا کیا کام؟

رَو کر زار و زار

جا کر تنہا گزر

جہاں غم کا ہو بازار

اپنی زندگی کی شام

یہاں تیرا کیا کام؟

O poet of ill fame
why you dwell in this place?
this city is of pious people
no one here knows love's flame
why you dwell in this place?

that unfaithful beloved
you repeat whose name
she is considered here
virtuous without blame
why you dwell in this place?

cry without no sign of stopping
live lonesome with all misery
in a place where sorrow is valued

spend there your remaining days
why you dwell in this place?

جدائی پڑ گئی

(Alas! Separation came)

ہائے جدائی پڑ گئی

شبِ وصل ڈھل گئی

میری جان تیری یاد میں

میری جان نکل گئی

ہائے جدائی پڑ گئی

زندگی کیا کر گئی

امید پہ جیتے تھے

اب امید مر گئی

ہائے کیا غضب وہ کر گئی

میرے دِل کے حصے دو کر گئی

کس منہ سے شکوہ کریں

خیر جو کر گئی سو کر گئی

کس سے کریں شکوہ گری

ملتی ہمیں دید نہیں

غیروں نے تو سوچا تھا

لو ، وہ کر گئی

Alas! separation came
the night of union went apace
O my love in your memory
there's no life in my body's place

Alas! separation came
why did life play this game?
in hope, I used to live
now all hope died within

Alas! what she has done to me
into two broke my heart
in what hope should I complain
what's done is done on her part

to whom should I complain
for I don't see her anywhere
my enemies only thought of hurting
she, in reality, gave me pain

(Return)

تم نے تو مزاح کیا

ہم نے جہاں لٹا دیا

میری جان یہ کیا کیا

میرا جہاں جَلا دیا

جہاں نا تھی وفا کی امید

ہم نے بھی دِل وہاں دیا

اے خُدا تو کیسا خُدا ہے

آنسوؤں کا یہ صلہ دیا؟

for you, it was just a game
I gave up all in your name

my love why you did this
burnt my world full of bliss?

no return for love where there was
I, a fool, there gave my heart

O God, you are the one to blame
Tears unseen remain, and prayers go in vain

اب وہاں دِل لگتا ہے
(Only there at peace is my heart)

نا محفل میں دِل لگتا ہے

نا کارِ جہاں دِل لگتا ہے

جب لگ جائے دِل کہیں

پِھر کہاں دِل لگتا ہے

کبھی بہار دِل لگتی تھی

اب دورِ خزاں دِل لگتا ہے

یہ دُنیا جھوٹی دھوکے باض

کب یہاں دِل لگتا ہے

جو بے وفا نہ ہوا اپنا

بس وہاں دِل لگتا ہے

بس راکھ ہی رہ جاتی ہے

دیکھو جہاں دِل لگتا ہے

یہ جو اجڑی سی اک بستی ہے

میرے دِل کے جیسی لگتی ہے

اب وہیں میں رہتا ہو

اب وہاں دِل لگتا ہے

neither in company
nor in solitude
when the heart beats at best
how can it find any rest?

there was a time when in spring
but now in fall heart finds content

this world filled with lies and deceit
how can a heart here find content?

that unfaithful who was never mine
still, my heart misses her by my side
only ashes are left and nothing else
in love when a heart becomes all blind

that abandoned ghost city
my heart's state, it reflects
now I can only be found there
only there my heart is at rest

(Poet)

ہمیں نا اب چھیڑو تُم

ہم رنج و غم کے مارے ہوئے ہیں

جس نے دیا درد ہی دیا

کون یہاں سہارے ہوئے ہیں

کس سے کریں شکوہ گری

سبھی دشمن ہمارے ہوئے ہیں

تُم اوروں کے ہوگئے تو کیا

ہم تو فقط تمھارے ہوئے ہیں

جو بھی دُنیا سے ہارے ہوئے ہیں

گویہ شاعر سارے ہوئے ہیں

do no annoy, for I
am all trapped in sorrows

everyone has given pain
no only gave a helping hand

to whom now I should whine
amidst enemies confined

you became the light of someone else's life
we are still bright for you to shine

in the world, whoever loses hope
turns into a poetic soul

جام

(Wine)

ہائے کیا کیجیئے

کوئی سبب دیجئے

نکل جائے جس کے سینے سے دِل

وہ بھلا کیوں کر جئے ؟

ٹھہر جا اے ثاقیا

اتنی بھی جلد بازی کیا ؟

دِل کو لینے دے تھام

اب انکا نام لیجئے

یہ جس کو تم عشق کہتے ہو

یہ رحمتِ خداوندی ہے

یہ جام نہیں ہے عام

خدارا اسکو پی لیجئے

pray tell what should I do?
give me some cause to continue
after losing heart from chest
why should I live and rest?

O, cupbearer! stop a second
don't be in hurry, don't make haste
let me calm my lost heart
then you may take her name

that thing which you call love
it's mercy with ill fame
it's a wine so divine
drink it without a shame

پِھر وہیں

(There again)

لوگ پوچھتے ہیں کیا ہوا

میں کہتا ہوں کچھ نہیں

کس منہ سے کہہ دوں یہ

کہ زندگی میں تو نہیں

کیا ہے جو لبادہ زیبتن

نام ہے اس کا شدید غم

اس میں رہتا کچھ نہیں

دِل کہیں جگر کہیں

ہزار ٹھوکر کھا چکا

دِل جس دہلیز پر

دِل دیوانہ سمجھتا نہیں

جاتا رہتا ہے پھر وہیں

people ask me what happened
I reply nothing
in what way should I say
that you have left me?

intense pain, it is called
this cloak that I have worn
in this cloak, nothing remains
heart shattered, soul torn

that place where heart broke
into thousand pieces tore
the foolish heart doesn't learn
to go there my heart yearns

مدت ہوئی تجھے یاد کِیا

(It's been so long)

مدت ہوئی تجھے یاد کِیا

مجھے اب کچھ یاد نہیں

کیا بات بتائیں تم کو ؟

اب پَہلے کی سی بات نہیں

ہم ہاتھ بڑھائے بیٹھے ہیں

دیتا کوئی ساتھ نہیں

عشق کی بازی کھیل لی

کہ اس میں ہوتی مات نہیں

it's been so long I remembered you
I don't remember anything now

how should I confess and tell
that things are not going well?

we stay here with open arms
no one even holds our hand

in the game of love, we have gambled
because it's a game with no losers

اب غم ہے
(Now I am Sad)

تم نے شرما کر مجھے اپنا بنا کر

چھوڑا کوئی بھرم نہیں ، کوئی غم نہیں

تم نے آزما کر مجھ کو بھلا کر

کیا کوئی رحم نہیں ، کوئی غم نہیں

تونے جہاں جلا کر راکھ کو اڑا کر

پوری کی قسم نہیں ، کوئی غم نہیں

میں نے تجھ سے پیار کر کر تیری زلف پہ مر کر

کسر چھوڑی کم نہیں ، کوئی غم نہیں

اتنا ٹوٹ کے چاہا کہ اب دم میں رہا

باقی کوئی دم نہیں ، کوئی غم نہیں

مگر رقیب کی بانہوں میں جا کر کیا جو تونے ستم ہے

اب غم ہے ! اب غم ہے ! اب غم ہے

you with your shyness and trickery
left me worthless and mad, but I am not sad

you tested me by forgetting me
had no mercy at hand, but I am not sad

you burnt by heart to the core, threw ashes at the shore
did not fulfill promises made, but I am not sad

I worshiped you in every way.
I gave you all you asked, but I am not sad

I loved you so much that now, I feel nothing anyhow
I feel exhausted and never glad, but I am not sad

but now that you have gone to a stranger's arms
seeing this torment; makes me mad
now I am sad, now I am sad, I am sad

کون ہے یہاں

(Who here)

کون ہے یہاں

جو کسی کی سنتا ہے

کون ہے جو پھولوں کے عوض

کانٹوں کو چنتا ہے

ہم نے ہے یہ ستم کیا

اب دِل ہر لمحہ دکھتا ہے

آنسو رخسار چِیر گزرتے ہیں

پِھر بھی رونا نہیں رکتا ہے

مجھے طبیب نہیں چاہیے

کیسا غموں میں یہ سکھ سا ہے

تیری یاد کو دِل سے لگا بیٹھے

اب دِل سے ہاتھ نا اُٹھتا ہے

who here
listens to someone
who here give thorns
for flowers in return?
only we have done
now heart in pain yearns
tears fall cutting the face
yet there's no sign of stopping
I don't need a healer
I have found peace in suffering
your memory resides in my heart
that's why I and my heart
are never apart

نالۂ نیم شبی

(Tears of Midnight)

جو ہو گیا اسے بھول جا

تو نیا جہاں آباد کر

گر نہیں تیرے بس میں کچھ

تو خُدا سے فریاد کر

تیری آہ چِیر دے گی عرش کو

تو خُدا کو ذرا یاد کر

نالۂ نیم شب میں گم

دِل کا جہاں آباد کر

Forget the one who has left
create a new world from nothing

If you feel helpless and bereft
pray to God in suffering

Your sighs will shake the heavens
at least begin to remember God

Amidst the tears of midnight
in your heart, create a new world

یہ وفا کیا چیز ہے
(What is fidelity)

یہ وفا کیا چیز ہے

ملتی ہے کس بازار میں؟

ہمیں تو نہیں ملی

نا اپنوں میں نا اغیار میں

غم کا کاروبار کیا ہے

منافع ہے اِس کاروبار میں

غم کبھی کم ہوتے نہیں

ملتے رہتے ہیں اُدھار میں

میری ہار سبب ہے تیری جیت کا

اِس لیے مزہ ہے میری ہار میں

اوپر سے ہنستا رہتا ہوں

کئی غم ہیں اِس فنکار میں

میں عادی ہو گیا ہوں اِن زخموں کا

اب اثر نہیں تیرے وار میں

what is fidelity
where can it be found?

I have never seen it
neither in strangers nor in people known

I have invested myself in sorrow
for sorrows always give return

never do sorrows disappear
they are shared everywhere

my loss became the cause of your win
that is why I enjoy my loss

my act of smile and happiness is a show
but inside I hide intense sorrow

I am used to these wounds now
they don't hurt anymore; your blows

(How Should I Say)

کیسے کہہ دوں کہ کوئی غم نہیں

ایسے تو یہ آنکھ نم نہیں

میں نے جو کِیا وہ پیار نہیں تھا کِیا؟

تونے جو کیا وہ سِتَم نہیں؟

سَرمایہ دار کی کمائی تو کمائی ہے

سود خوروں نے محفل سجائی ہے

امیر پہ آنچ تو تہمت ہزار

غریب کا کوئی بھرم نہیں؟

How should I say that I am happy?
can't you see my eyes weary?
was it not love that I gave you?
was that not cruel what you did to me?

The earnings of the rich are all justified
though they have masses in loans tied
no one cares when a poor man cries
the world only mourns when the rich die.

اب کیا کام ہوگا

(I am all useless now)

میری بربادیوں کا سفر

تیری اک نظر

تیری اک مسکان

میری زخمی جان

تیرا چل کے رکنا

میرے سَر کا جھکنا

اب کیا کام ہوگا

اب تو رہگزر میں پڑا

علی بدنام ہوگا

اب کیا کام ہوگا ؟

کیا روزگار بنے گا ؟

بس سانس چلے گی

اور دِل جلے گا

بیکار و ناکارہ ہو گئے

موت سے پہلے قتل ہو گئے

دیکھ کیا تیری نیم نظر

اثر کر گئی

میرے دِل میں گھر کر گئی

اب کیا کام ہوگا ؟

بس ہم ہونگے

اور غم کا جام ہوگا

اب کیا کام ہوگا

کسی دربار کا کونا ہوگا

کسی مسجد میں آرام ہوگا

اب کیا زندگی چلے گی ؟

کیا ماں کی خواہش پلے گی

اب تو رونا سَرِ عام ہوگا

اب کیا کام ہوگا

بیکار غالب و میر جیسا

میرا بھی وہی انجام ہوگا

اب کیا کام ہوگا

the journey of my pain
with your one glance began
my soul all wounded with love
when I saw your seductive gait
I fell in worship at your feet
I am all useless now
at some street corner, I'll be found
remembered in ill fame
I am all useless now
now I won't make ends meet
now I will only breath
and let my heart burn
I am all useless now
I died before death came
your enslaving glance is to blame
now I am in your thrall
I am all useless now
now I'll be alone
drinking solitude's wine
or maybe sitting at the corner
of some holy shrine
or maybe a mosque

and an empty life
now I won't make true
my parent's dream
instead day and night
I will cry and scream
for I am all useless now
now useless like poets of ill fame
I'll have a similar name
for I have lost this game
I am all useless now

نظر
(Your eyes)

یہ تیری نظر کی تھی روشنی

کے بجھا دیا جل گیا

جب سے تیرا کرم ہوا

میں گرتے گرتے سنبھل گیا

It was the luster of your eyes
that lit up my dark nights
Since you have shown your grace
success has been my fate

خودکشی
(Suicide)

ہم نادان اسی کو زندگی کہتے ہیں
جو ظالم زندگی حرام کر دیتا ہے

سبب موت کا کرتا ہے خدا عشق بنا کر

پھر خودکشی بھی حرام کر دیتا ہے

we give our lives to those
who make our lives miserable.

and God, after creating love's misery
also makes suicide forbidden

ذات

(Within Me)

اک نیا کاراوں ہے میری ذات میں

اک اُجڑا جہاں ہے میری ذات میں

اپنے ہی کلام میں الجھ پڑتا ہوں

تضاد کتنے ہیں یہاں میری ذات میں

کئی شمیں جلتی ہیں تیرے نام کی

کئی بستیاں ہیں ویراں میری ذات میں

تم تو سیدھے ہو تیر کی مانند

اور ٹیڑھاپن ہے عیاں میری ذات میں

کیوں کر آتی ہے آواز خاموشی میں ؟

کون ذات ہے پنہاں میری ذات میں ؟

کیا میری بھی اب کوئی ذات ہے باقی ؟

میں ہو چکا ہوں فنا تیری ذات میں

a new morn hides within me
a world lost hides within me

I often get tangled up in my own words
often see paradoxes contrive within me

many lamps are lit for your sake
in the abandonment that I hide within me

you are straight like an arrow
and twist and twirls fight within me

why do I hear this sound amid silence?
who here hides within me?

I am all lost in your thoughts
now my being doesn't reside within me.

کیفیت

(State)

ابتدائے عشق میں مزہ نا دے

انتہائے عشق میں رضا نا دے

جو کرنا ہے بے وجہ ہی کر

مجھے کچھ کرنے کی وجہ نا دے

سزا گر دینی ہے تو عشق دے

لیکن عشق کی مجھ کو سزا نا دے

مجھے اضطراب کی آگ دے کر

اب وصل کا سمندر یہاں نا دے

یا تو مجھے کوئی اک کیفیت دے

یا پِھر کسی کیفیت کی عطا نا دے

do not satisfy at the beginning of love
do not give contentment at love's end
what you want to do, do without purpose

do not justify means to an end
if you want to punish, make love my verdict
but do not punish me for love intense
do not quench it with misty union
after burning me in the fire of restlessness
either give me one state of mind to live
or give nothing at all to rest

شرر
(Spark)

کون ، کس زمین پر ، کس زمانے ؟

کون جانے کون لٹا کس بہانے ؟

اب تو اتنا یاد ہے کہ ہم ہوا کرتے تھے

اب تو اتنا یاد ہے کہ خود سے ہوئے بیگانے

اے خدا! مانندِ شرر ، کبھی بجھے کبھی جلے

سمجھ نا سکے ہم تیرے کارخانے

who, where, at what cursed time?
who knows who lost for what cause?
now all we know is we used to exist
now all we know is that we don't anymore
O God! like a spark we were lit and then gone
we could not understand the workings of your throne

(At Times)

اکثر میں لوگوں سے نظریں چرائے چلتا ہوں

اکثر میری آنکھوں میں تیرا انتظار پڑھ لیتے ہیں

I don't make eye contact with people at times
for people can see your longing in my eyes

پڑے رہینگے

(Won't Move)

تیرے جانثار پڑے رہینگے

یہ غم گزار پڑے رہینگے

لاکھ سمجھائے واعظ ہم کو

ہم بے قرار پڑے رہینگے

میخانہ نہیں تو نا سہی

سرِ بازار پڑے رہینگے

جس خاک کو چومیں قدم اسکے

اس خاک پہ یار پڑے رہینگے

قربانی کا تقاضہ کریں اگر وہ

ہم سوئے دار پڑے رہیں گے

دِل چاک ، جگر چاک ، دامن چاک

دیوانہ وار پڑے رہینگے

نہیں ہوئی اگر نگاہِ کرم تو

روینگے زَار و قطار پڑے رہینگے

your worshippers will stay, won't move
in misery, we'll stay won't move
no matter what the 'wise' men say
we'll restlessness at your feet lay, won't' move
if there's no tavern, then it's fine
amidst the crowds, we'll have this wine
the dust that kisses your feet
on that dust at that street, we'll lay, won't move
if you want a sacrifice
under the guillotine, we'll be found
heart torn, soul gone, clothes worn
like madmen, we'll be found
if there will be no sign of mercy
regardless, crying endlessly we'll stay, won't move

اُرْدُو

(Urdu)

آنکھ بہتی ہے برسات کی مانند

وحشت رہتی ہے خیالات کی مانند

تیری یادوں کا قرض لیے پھرتا ہوں

سب سے چھپتا ہوں قرضدار کی مانند

تیری یاد رات بھر ڈراتی ہے مجھے

چلاتا رہتا ہوں اپنے حالات کی مانند

تم نے بھی بیچ راہ چھوڑ دیا مُجھ کو

میری برباد قسمت میں روزگار کی مانند

لوگ کہتے ہیں اُرْدُو محبت کی زبان ہے

مُجھ کو تو لگتی ہے تیری یاد کی مانند

Tears drop like rainstorms
madness prevails in all thoughts
I am in debt to your memories

I walk in shame cause of this default
your memory scares me all night
I shout cause my being is torn
you have left me midway
like the fortune in my ill fate
people say Urdu is a lovers' language
I say it resembles your loving face

گرد

(At your feet)

مضطرب ہی سہی منکر تو نہیں

محبت میں تیری کامل تو نہیں

تیری چاہت کے قابل تو نہیں

پر سوا تیرے کوئی شامل تو نہیں

مائل ہوا تھا کچھ ترکِ وفا پر

لیکن پوری طرح مائل تو نہیں

اب بھی کارِ زندگی چل ہی رہا ہے

پوری طرح سے گھائل تو نہیں

آج بھی اس راہ کی گرد ہیں ہم

جس راہ کی کوئی منزل تو نہیں

we are restless but we are not deniers
that we failed your love's test
that we are not worthy of your love

that love's return, we don't deserve
but apart from you, we have no one else
we were a little persuaded to leave you
but only a little, not to the best
we are still making ends meet
we are not completely gone
we are still worshippers at your feet
knowing there's no end and retreat

قاتل نیم نظر

(Glance)

ہم ہیں کے تیری یاد میں مرتے ہیں ہزار بار

اک تیری یاد ہے کے مرنے کا نام نہیں لیتی

ناکامی کا گلہ کرنے والو سے کہنا

ہم کام کے ہیں دُنیا ہی کوئی کام نہیں لیتی

وہ جسکا کہا تم نے کہ اب میرا نام نہیں لیتی

لیتی تو ہے لیکن سَرِ عام نہیں لیتی

بس بچو اس قاتل نیم نظر سے

وہ مار ہی دیتی ہے انتقام نہیں لیتی

we die a thousand times remembering you
but your remembrance never dies
those who say we are losers and fail
tell them the world doesn't know our worth
the one who doesn't take my name anymore
she takes my name, but she doesn't show

beware of her glance with a fatal blow
it has no vengeance yet it kills a death slow

برباد

(Ruin)

یوں ہی بیٹھے بیٹھے

تجھے یاد کر لیتے ہیں

جب کچھ نہیں ملتا کرنے کو

خود کو برباد کر لیتے ہیں

we oftentimes while sitting alone
in your memories are lost and gone
when we have nothing else to do
we ruin ourselves by remembering you

(Ego)

مجھے جواب کی کوئی غرض نہیں

مجھے سوال میں الجھا رہنے دو

آتشِ دِل میں جلنے دو

برسات میں الجھا رہنے دو

سلجھ گئے تو کیا حاصل ؟

حالات میں الجھا رہنے دو

درویش کی طرح یک طرفہ

خیالات میں الجھا رہنے دو

جس بات سے تھی ہر بات بگڑی

اس بات میں الجھا رہنے دو

جس رات ہوا تھا وہ روبرو

اس رات میں الجھا رہنے دو

مُجھ خودپرست کو نا چھیڑو

اپنی ذات میں الجھا رہنے دو

I don't need any answers
let me get lost in questions

let me burn in my heart's fire
in these rains, let me soak

if things get sorted then there's no use
let me suffer and pain induce

like a dervish with one track mind
let me get lost in my beloved's thoughts

that argument which led to all demise
let me get lost in that argument

that night when beloved was face to face
let me get lost in that night's trace

don't you disturb my egoist self
let me get lost in my own soul

لا حاصل
(Eternal)

عشق کا کوئی حاصِل نہیں

فنا کی کوئی منزل نہیں

بس وحشت ہے ، جنون ہے ، تنہائی ہے

اور کوئی صورت شامل نہیں

love has no end
annihilation has no fixed plan

only solitude, madness, and thoughts insane
and nothing else remains

شعلۂ دِل

(Spark of Pain)

گو کہ برباد نا سہی

بربادوں سا روپ ہی دھر لیتے ہیں

ہم بھی کسی کوچے میں بیٹھے

دامن چاک کر لیتے ہیں

گو کہ تیری تجلی ، سببِ فنا

ہم پر نہیں پڑی

چیخ چیخ کے فقر کا

ڈھونگ ہی کر لیتے ہیں

ہم ہیں ٹھکرائے ہوئے

صنم خانے کے اور زمانے کے

جہاں نہیں بستی خلقِ خدا

اب وہیں گھر لیتے ہیں

جوگ نا سہی

پر روگ تو پالا ہے ہم نے

اسی شعلہِ دِل سے اب

روح بھسم کر لیتے ہیں

even though
we are not mad
but we will deceive people
that we are
we, at some street corner
will wear clothes worn out
in way sheer wanton

even though your manifestation that aniihateles
has not yet been revealed to us
but we will shout and attract crowds
and pose ourselves as your lovers

we are the ones denied by the world
by the people pious and idolaters
where there no one stays
now we will make a home there

we are no saints and we don't claim
but we have been hurt without a blame
this spark of pain we'll turn into flame
and consume our souls in its thrall

خوشی
(Happiness)

زندگی مجھے صورتِ سوال ملی

خوشی بھی ملی تو پر ملال ملی

life, to me, was like a question presented
even when I find happiness, I regret it

کچھ یاد نہیں

(I don't remember anything at all)

میں تو سراپا ضبط ہوں

میرے عشق کو فریاد نہیں

کہیے کیا بات کہوں؟

اب کہنے کو کوئی بات نہیں

ایسا نہیں کہ تیرا ساتھ نہیں

ہاتھ میں تیرا ہاتھ نہیں

مگر عشق تو فراق ہے

وصل نہیں ، ملاقات نہیں

کون ہوں؟ کیا چاہتا ہوں؟

مجھے اب کچھ یاد نہیں

I am all patience
I don't question love's torment
tell me what should I say?
I have nothing left to say
it's not like you have left me
or your hand is not in my hand
but love exceeds in separation
not in oneness, not in union
who am I? what do I want?
I don't remember anything at all

ابتلاء

(Ordeals)

ابتلاء کے سفر میں مبتلا ہوں ازل سے

لہو پی رہا ہوں اپنی آرزو کا

میرے سفر کو منزل مقصود نہیں ہے

میں تو مسافر ہوں فقط جستجو کا

جھوٹ سا لگتا ہے اب یہ فسانہ مجھ کو

نا قائل زمان و مکان کا ، نا کو بہ کو کا

میری نظر سے دیکھ تو کچھ پتہ نہیں ہے

نا آب و گل کا ، نا رنگ و بو کا

وایئے! تنہائی ، خودشناسی ، کیا وحشت! کیا لذّت

نہیں کوئی وجود رہا اب من و تو کا

since the beginning, I have seen ordeals
I have been sucking the life out of my dreams
now my journey doesn't need an end

I am a restless traveler on an eternal bend
the story of the world's working is a lie
I am not confined by time and space
if you perceive what I see
there exists no matter or state
there exists no color or smell
alas! the solitude and knowing of self
how maddening and a beautiful sight
there is no duality left of you and I

نا امیدی

(Despair)

مجھے تو لگتا تھا کہ میں صرفِ تیرا ہوں

مجھے کیا معلوم تھا کہ کوئی دوسرا بھی ہے

کچھ چھپاتا ہے یہ لگتا تھا ہاں مگر

نہیں لگتا تھا کہ تو بے وفا بھی ہے

کتنا معصوم تھا میں کہ اعتبار کر بیٹھا

معلوم نہیں تھا جہاں میں ایسا ہوتا بھی ہے

ہاں جہاں بھی ہے ، زمیں بھی ہے ، آسماں بھی ہے

پر تو ہے کہ نا ہو کے بھی ہے اور ہو کے جدا بھی ہے

دلِ نا امید اب بھی امید کرتا ہے

شاید اب بھی سمجھتا ہے کوئی خدا بھی ہے

I always thought that I was yours
there was someone else too, I didn't know

You were hiding something that much I knew
but didn't know you were unfaithful too

how naive was I that I trusted you
this is how the world works, I had no clue

yes the world exists, earth exists, the sky exists
but how strange you exist while you don't exist

my heart filled with despair, still hope adheres
it still offers prayers and believes God exists

جل رہا ہوں میں
(I am burning)

نا جانے کس کے ہاتھ کا پُتلا ہوں میں

تُجھ پہ مر کے بھی چل رہا ہوں میں

کون چلا رہا ہے معلوم نہیں

کون جلا رہا ہے معلوم نہیں

بس اتنا معلوم ہے کہ چل رہا ہوں میں

بس اتنا معلوم ہے کہ جل رہا ہوں میں

I don't know I am a puppet in whose hand
who keeps me alive though in your love I died

who keeps me alive, makes me yearn, I don't know
who makes me burn, I don't know

all I know is that I am alive and yearning
all I know is that I am burning

خوشی اور غمی سے بالاتر

موت اور زندگی سے افضل

اُمید اور ناامیدی سے آگے

ماورا زمان و مکان کے دھاگے

آگ اور پانی سے دور

جہاں نہیں رنگ و بو

جہاں نہیں میں اور تو

جہاں نہیں کوئی جستجو

ہے فقط عالمِ ہو

نا آب و ہوا ، نا کوہ و پتّھر

ہر ذات سے بالاتر

ہر آرزو ہے اَبْتَر

ہے اک جہانِ منظر

beyond happiness and sorrows
beyond the world of life and death
beyond the play of hope and despair
beyond the knitted time and space
beyond water and fire
where there is no desire
where there is no me and you
where there is no color or hue
there exists a world of 'Hu'
there exists no air or rock
there exists no existence to mock
all desires consumed and no care
and exists a manifestation of divine
I have lost myself there

میں تنگ آگیا ہوں
(I am tired)

تنگ آگیا ہوں میں

چیخنے چلانے سے

رونے رلانے سے

جلنے جلانے سے

میں تنگ آگیا ہوں

کوئی الفاظ ہی نہیں ہیں

میں کیسے بتاؤں

ناصیحوں کو سمجھاوں

میں چاہتا کیا ہوں

میں تنگ آگیا ہوں

نا پوچھو کہ میں

اپنے لہو کے گھونٹ پی کر

آتشِ دِل میں جی کر

لذّت پاتا کیا ہوں

مَیں تنگ آگیا ہوں

میری آنکھ سے خون بہتا ہے

رو رو کے سکون رہتا ہے

چیخ کے دِل کہتا ہے

میں کہتا کیا ہوں ؟

مَیں تنگ آگیا ہوں

*I am tired
of shouting
of crying
of burning*

I am tired

*there are no words
how should I tell
to those who wish me well
what I desire*

I am tired

*don't ask me
what pleasure I get
from eating my own flesh
from burning in heart's desire*

I am tired

*blood falls from my eyes
I find peace in crying
shouting seems satisfying
do you know what I cry?*

I am tired

چُپ چُپ
(Be Silent)

افلاق کو نامنظور تھی میری دور اندیشی

اہل حرم نے جل کے مجھے جلا ڈالا

ابھی تو گر کے سمبھلا تھا میں کہ پھر

تونے تیرِ نظر چلا ڈالا

کس کو معلوم ہے لذّت میری تنہائی کی

بنا کے ریت کا محل گرا ڈالا

جب سے دیکھا ہے جلوہ حیرت انگیز

اپنا آپ میں نے گنوا ڈالا

میں نہیں تو کون کہتا ہے یہ شعر؟

کس نے سخن وری کا ہنر سکھا ڈالا؟

تو نہیں تو میں کس سے باتیں کرتا ہوں؟

کس نے دید دے کے خاموش کرا ڈالا؟

چُپ چُپ! اے نادان اور نا کہہ

the heavens didn't like wisdom
the angels got envious and burned me
I just composed myself after a fall
you let the arrow loose again from your bow
no one knows the pleasure I get from solitude
I made a castle of sand and made it fell
since the mighty manifestation I saw
I have lost myself in awe
if it's not me who writes this poetry?
who taught this craft of poetic art?
if it's not you then who do I talk to?
who showed me his face? since then silent I stay
"be silent of fool, don't be so cruel
is it not enough that you've made
the world cry at your fate?"

غمِ عشق

(Love's Misery)

غمِ عشق نار کو دریا کردے

آگ کو پانی وادی کو بیابان کردے

زخمِ دِل آنسوؤں کو وضو کردے

روح کو پاک, بندے کو خدا کردے

love's misery turns fire into the ocean
flame into water, and valley into a desert
heart's wound makes ablution from tears
from sins absolve, and makes man God

جذب
(Jazb - Dissolve)

یہی فریاد ہے آرزو میں

جذب ہوجا میری رُوح میں

دیکھوں تجھے تو خود کو کھو دوں

اور تجھے دیکھوں چار سو میں

اِتنا تو اثر ہو میری ہو میں

کہ گردوں ہو میرے قابو میں

میں ہی میں ہوں جو تجھے دیکھوں

تو ہی تو ہر جستجو میں

this is the call in my longing
that you dissolve in my soul
when I see you I see myself
and I see you I look wherever else
may in my 'Hu' be this effect
that in my grasp I have the firmament

may I see myself when I see you
and you become part of my essence

More books by Ali Ashraf:
The Divine Tavern
The Rosary of Love

Your reviews are highly appreciated.

www.ingramcontent.com/pod-product-compliance
Lightning Source LLC
Chambersburg PA
CBHW051216160726
47994CB00002B/630